´FLEXIONS

SUR

l ' dresse de la Chambre des Députés,

INDIQUANT

LA SITUATION DES AFFAIRES PUBLIQUES

A L'ÉPOQUE ACTUELLE (mars 1843).

.... Ne quid detrimenti res publica `capiat.

Chaque année le *Discours de la Couronne* et l'*Adresse* en réponse posent devant le pays les questions qui sont véritablement *à l'ordre du jour ;* c'est le *résumé* de ce qui a immédiatement précédé, et le *programme* de ce qui doit suivre. —Laissant de côté les personnes, j'ai voulu ne m'occuper que des choses ; elles m'ont paru assez graves pour mériter qu'on les examinât en elles-mêmes et pour elles seules. — En quelle situation sont *les affaires du pays ?* —Quelle solution convient-il d'apporter *aux questions* qui touchent de plus près à sa prospérité comme à sa grandeur ?

Ce serait être injuste envers la révolution de juillet que de méconnaître toutes les améliorations effectuées depuis 1830. Mais les avantages incontestables qu'on en a recueillis ne doivent pas rendre aveugle sur des tendances qui ont aussi leurs inconvénients et leurs dangers! Ce n'est donc point par esprit d'agression, c'est en véritable ami de la révolution de juillet et de la dynastie qu'elle a placée sur le trône que je veux me livrer à cet examen.

J'ai pris pour cadre de ma discussion l'*Adresse* de la Chambre des députés. Je n'ai pas voulu livrer un sujet aussi vaste aux hasards, aux vivacités et aux accidents d'une improvisation de tribune!... J'ai mieux aimé travailler à l'écart, interroger mes propres impressions dans le silence du cabinet, m'en rendre compte avec plus de précision, et les fixer par écrit (1), pour moi-même, pour mes compatriotes, et pour quelques amis, désirant mettre chacun d'eux à même d'en juger et de me dire si j'ai rencontré juste et si leur sentiment est d'accord avec le mien.

---

(1) A la hâte, comme tout ce qui se fait aujourd'hui ; car jamais on n'eut plus raison de dire avec Boileau :

Le moment où je parle est déjà loin de moi.

1843

§ 1er DE L'ADRESSE. *Mort du duc d'Orléans à jamais regrettable.* — *Loi de régence.* — *Souhaits pour la prolongation de la vie du roi.*

Ce paragraphe exprime des sentiments vrais ; mais il laisse une impression douloureuse ; il montre en perspective la vieillesse du roi ! l'idée et la crainte de sa mort ! la minorité de son successeur ! une régence entre deux ! Raison pressante de profiter des dernières années du règne auquel préside la sagesse du roi actuel, pour mettre les affaires du royaume en si bon état, qu'arrivant (ce que Dieu ne veuille !) la mort de S. M. avant la majorité de son petit-fils, les difficultés inséparables d'une régence ne soient pas compliquées par les embarras que l'imprévoyance pourrait léguer au jeune roi. — Dans de telles circonstances, des hommes d'État vigilants doivent faire au moins ce que ne néglige pas un père de famille intelligent, lorsqu'après avoir toute sa vie travaillé à faire sa maison, il prend ses mesures pour liquider ses affaires, terminer ses procès, régler ses comptes, afin de laisser à ses enfants un actif net, de bons exemples à suivre , de sages conseils à pratiquer.

§ II. *L'ordre et la paix.* — *L'empire des lois.*

Oui, l'ordre et la paix : la paix avec dignité, comme il convient à la France. — L'empire des lois : autrement, c'est l'anarchie. — Des lois exécutées : sans cela elles sont vaines ; et j'ajoute : exécutées par des fonctionnaires sages, impartiaux, intègres, animés de l'amour de la patrie, jaloux de mériter l'estime publique, et qui sachent rehausser par leurs qualités personnelles les dignités dont ils sont revêtus (1). C'est là surtout qu'est le secret de la puissance et que réside l'honneur du commandement.

§ III. FINANCES. — *Rétablir l'équilibre entre les recettes et les dépenses.*

Ce paragraphe est important dans toutes ses parties ; il mérite la plus sérieuse attention. Plus on fait de choses avec l'argent, dans le siècle où nous sommes, plus on doit s'effrayer de ce qui arriverait le jour où, pour avoir trop dépensé, on se trouverait aux prises avec des embarras financiers. Il faut considérer ici le passé, le présent, l'avenir. Que n'a-t-on pas dit contre les budgets de la *Restauration !* Alors, en effet, les recettes comme les dépenses de chaque année s'élevaient à peu près à *un milliard* Depuis 1830, le revenu public a rapidement augmenté. Il s'est accru d'année en année ; mais, il faut le dire, les dépenses ont augmenté aussi d'année en année avec une telle émulation, que, loin de trouver dans l'accroissement des revenus un moyen de se tenir au-dessus des dépenses, on a, comme à plaisir, multiplié les dépenses, au point, non-seulement d'absorber, mais de dépasser les recettes.

(1) Proindè quasi prætura et consulatus, atque alia hujusce modi per se clara, magnifica sint ; ac non proindè habeantur, ut eorum qui sustinent, virtus est. SALLUST., *Bell. Jugurt.* 4.

Et, l'on doit en convenir, tout le monde y a mis la main.

Depuis longtemps le gouvernement était accoutumé à rencontrer de l'opposition à l'augmentation soit des impositions, soit des dépenses ; au nom des contribuables, on ne parlait que de réduire les unes et les autres. — On appelait cela faire des *économies !* Et ces économies, il faut le dire, fréquemment provoquées par la passion, et dirigées sans intelligence, n'ont abouti le plus souvent qu'à quelques réductions de traitements dont le total, peu considérable en lui-même (1), n'a opéré par le fait aucun dégrèvement appréciable pour les contribuables, et n'a eu pour résultat que d'amoindrir quelques-unes de ces positions élevées qui sont au sommet de chaque carrière comme point de récompense et d'émulation.

Mais bientôt les choses ont pris un autre cours. Non-seulement chaque ministre s'est mis à demander plus, mesurant l'étendue de son pouvoir et de son influence sur le chiffre toujours plus élevé de son budget ; mais chaque député, comme s'il eût été le gouvernement, et s'il eût eu à lui seul le secret, l'intelligence et la responsabilité des besoins publics, a proposé de son chef et par amendement, non plus, comme jadis, des réductions, mais des accroissements de crédit, des dépenses nouvelles. *Les contrôleurs se sont faits dépensiers !* Les oppositions même sont entrées dans cette voie, comme si elles eussent compris que la guerre aux finances était un auxiliaire de la guerre aux *institutions !*... Qu'en est-il résulté ? Qu'en *pleine paix* nous sommes tombés en *plein déficit.*

L'Adresse a raison de dire qu'il faudrait profiter de l'accroissement des recettes pour rétablir l'*équilibre* dans les finances. Remarquez bien ce mot, l'*équilibre*, car il ne s'agit plus du mot *économie* : l'équilibre, c'est-à-dire une balance exacte entre les recettes et les dépenses.

Est-il permis de l'espérer ! Hélas ! ce n'est pas la première fois que la Chambre tient ce langage : les précédentes adresses en font foi. Mais les budgets et les lois des comptes attestent que la Chambre des députés (et elle seule est coupable, car l'autre Chambre, en fait de finances, n'a que le triste honneur d'homologuer le budget), la Chambre des députés, loin de conformer ses actes à son langage, a constamment *rompu l'équilibre qu'elle avait paru conseiller.*

Et quant au budget actuellement en discussion (celui de 1844, présenté au moment même où l'Adresse venait d'être votée), voici le résultat annoncé dans le discours de présentation du ministre des finances :

« En résumé, dit le ministre, les crédits qui vous sont demandés pour le » service ordinaire du budget s'élèvent à 1,281,013,710 fr. Les évaluations » de recettes montent seulement à 1,247,228,366 fr. D'où résulte, sur le » service ordinaire, un découvert de 33,785,344 fr.

» En réunissant aux recettes et aux dépenses les 80 millions à prendre sur » l'emprunt, et aux dépenses les 43, 500,000 fr. des chemins de fer, on ar-» rive à un total général de 1,404,513,710 fr. pour les dépenses ; de » 1,327,228,366 fr. pour les recettes : d'où 77,285,344 fr. à demander à la » dette flottante. »

Et soyez-en sûrs à l'avance, ce déficit de 77 millions sur le budget de 1844 sera encore accru par les lois de détail qu'on est dans l'usage de présenter une à une dans le cours et surtout vers la fin de la session, et par les crédits extraordinaires, complémentaires, supplémentaires, qui aujourd'hui sont devenus une sorte de *droit commun* des plus commodes, dont les ministres

_____

(1) 500,000 fr. peut-être sur un budget d'un milliard,

usent avec d'autant plus de hardiesse, qu'on a cessé de considérer cette manœuvre comme un abus.

En résultat, où sommes-nous arrivés avec cette manière de faire? Non-seulement la dette perpétuelle consolidée s'est singulièrement accrue depuis 1830 (elle était alors, y compris l'amortissement, de 243 millions; elle est aujourd'hui de 267 millions); mais le ministère des finances traîne à sa suite une sorte de *boulet* qu'on nomme la *dette flottante*, et qui excède aujourd'hui d'une manière démesurée le chiffre que la prudence la plus vulgaire commande de ne point dépasser.

Dette flottante (1). On nomme ainsi la somme dont le trésor est à découvert pour ses services, et qui, entre autres valeurs, se régularise et se solde avec des bons royaux à échéance fixe, qu'on renouvelle et qu'on remplace par d'autres au fur et à mesure que le besoin s'en fait sentir. Ce mode de roulement est indispensable, parce que, si le trésor ne payait qu'avec l'effectif de ses recettes, il y aurait alternativement engorgement ou disette de fonds. Avec les bons royaux pour complément, on est toujours à flot. Mais, à ce jeu, il faut de la prudence et des limites; car le caractère de la dette flottante est d'être incessamment exigible, au moins dans un délai très rapproché. Elle repose sur le crédit; et le jour où le crédit viendrait à se resserrer sensiblement, il y aurait gêne; à se resserrer tout-à-fait, il y aurait cessation de paiement, si la dette exigible se trouvait montée à un taux tel que le trésor, avec toutes les ressources dont il dispose, ne pût pas y faire face dans un cas donné.

Aussi, pendant longtemps, la dette flottante n'a guère excédé 150 ou 200 millions. Lorsqu'on l'a vue pour la première fois à 300, les esprits prévoyants ont commencé à y faire attention. — Aujourd'hui, c'est vraiment bien autre chose. Le chiffre de cette dette est porté par l'un des hommes les plus expérimentés en finances, par M. d'Audiffret, président de la Cour des comptes (2), à la somme de *sept cents millions*; auxquels il faut ajouter une autre dette sans cesse exigible, et qui le deviendrait d'une manière terrible dans un cas imprévu; je veux parler des caisses d'épargne, dette du pauvre, dette de l'ouvrier, dette sacrée dont le chiffre actuel est de 300 millions. Je le porte ici *pour mémoire*... Ne l'oubliez pas.

On a senti le besoin de diminuer la dette flottante, et d'en consolider une portion. C'est pour cela que l'on a voté un emprunt de 450 millions. Mais on n'a encore pu en réaliser qu'une partie (150 millions seulement), qui même n'ont pu s'écouler entièrement en deux ans; il faudra donc du temps pour réaliser les 300 millions restants. Mais, outre que cette somme est insuffisante pour faire rentrer la dette flottante dans des limites raisonnables, il faut s'attendre, si l'on ne change pas immédiatement de système, que le produit des autres emprunts sera dévoré comme le reste par les dépenses courantes, et que la dette flottante continuera de s'accroître encore; car, tandis qu'autrefois on ne voyait des dépenses que sur un fond correspondant, aujourd'hui on vote des dépenses *à prendre sur la dette flottante*, sans faire attention que c'est tirer, non pas sur un *débiteur*, mais sur un *créancier*.

(1) L'ignorance est telle dans plusieurs esprits, qu'on a pu rire aux dépens de celui... qui s'imaginait qu'on appelait dette flottante la *dette de la marine*.

(2) Dans le discours qu'il a prononcé à la Chambre des Pairs, en présence de M. le ministre des finances, qui ne l'a pas démenti (séance du 25 janvier 1843). — Il est bien évident qu'en tout ceci je n'impute rien à l'honorable M. Laplagne. *Le mal vient de plus loin...*

Je dis, si l'on ne change pas de système : car le système actuel, système aveugle, système insensé, est qu'on ne dépense pas assez ! — qu'un grand peuple ne saurait trop dépenser ! — L'Angleterre, dit-on, a une dette cinq fois plus forte que la nôtre ! comme si la puissance et la richesse se mesuraient à la dette !... D'ailleurs, ajoute-t-on en se radoucissant, il y a des dépenses *productives*... Et alors on ne met plus de frein aux velléités de dépenser chaque jour davantage, puisqu'au lieu de nous ruiner, cela doit nous enrichir.

Ces sophismes sont désastreux. Oui, il y a des dépenses utiles, comme il y a des dépenses folles ! — Mais j'appelle folles des dépenses mêmes utiles qu'on précipite et qu'on accumule de manière à rompre tout équilibre et à compromettre son crédit. — Un grand peuple doit dépenser beaucoup ! — N'est-ce donc pas assez de dépenser *quatorze cents millions* par an ; un tiers de plus qu'il y a douze ans ! N'est-ce pas assez, lorsque les recettes croissent d'année en année, d'accroître les dépenses dans la même proportion, mais sans aller au delà !

On ne parle que de notre *prospérité toujours croissante* : cette phrase est passée en formule dans tous les discours officiels. — Mais si cette prospérité venait subitement à décroître ? — Et si, après de bonnes récoltes, il y en avait de mauvaises ? — Et si...? Et si...? L'avenir entier est là avec tous les mécomptes qui surviennent dans la vie des nations comme dans celle des individus ! Si l'on se plonge dans le déficit en pleine paix, que sera-ce si quelque évènement imprévu amenait la guerre ? On aurait, comme l'a dit énergiquement un des vice-présidents de la Chambre, on aurait ainsi à l'avance *désarmé financièrement* (1). Ce n'est pas là de la prudence. L'Adresse est donc sage lorsqu'elle s'autorise du rapide accroissement du revenu public pour dire : « Qu'il doit servir surtout à rétablir l'équilibre entre » les recettes et les dépenses, et à préparer, dans des *temps prospères*, pour » des *jours moins heureux*, des finances en bon ordre et un crédit fondé sur » notre économie comme sur notre richesse. »

§ IV. — *Paix.*

Nous sommes en paix ! restons-y longtemps, tant que nous le pourrons honorablement : mais ne nous endormons pas dans une folle confiance. — Finances, armée, marine, travaux publics : attention à tout.

§ V. — *Orient.*

Ce paragraphe a été l'objet d'un amendement qui aurait été prévenu si la commission avait voulu admettre dans son sein la rédaction proposée par l'un de ses membres et qui prévenait l'objection en exprimant la même pensée. La recommandation adressée au ministère de continuer à maintenir les anciens priviléges et l'influence de la France laisse toujours percer la crainte qu'un peu de mollesse n'affaiblisse ce que des traditions pleines de grandeur avaient élevé.

(1) M. Lepeletier-d'Aunay. — On se rappelle aussi le mot du baron Louis, ministre des finances : *Le crédit, c'est de l'artillerie.*

§ VI. — *Rappel du droit de visite.*

La Chambre s'est rendue l'organe du sentiment national en exprimant le vœu que *notre commerce soit replacé sous la surveillance exclusive de notre pavillon.*

Ce sentiment n'a rien d'équivoque. Le droit de visite déplaît et pèse à la France. La pensée publique n'aura de repos que lorsque ce vœu sera accompli. Personne ne saurait se flatter de pouvoir l'éluder : ni les ministres actuels, car c'est à eux surtout que la recommandation est adressée; ni leurs successeurs à venir, car on ne serait pas d'humeur à les en dispenser. Sans doute le traité du 15 juillet est entré pour beaucoup dans la vivacité des réclamations élevées contre le droit de visite. Un ministre wigh a causé un grand mal à sa patrie en réveillant par de mauvais procédés, dans l'esprit du peuple français, quelque chose de l'ancienne antipathie contre l'Angleterre! de même que chez nous, on a eu la maladresse, par des fanfares et des armements irréfléchis, de rallumer des défiances déjà trop entretenues de l'autre côté du Rhin contre l'ambition française et l'ardeur belliqueuse et inquiète de notre nation! Le bon sens public, il est vrai, a bientôt fait justice de ces dernières alarmes. Non, nous ne songeons point à repasser le Rhin et à devenir agresseurs contre l'Allemagne; si cette folle pensée tombait dans l'esprit de nos gouvernants, nous mériterions d'attirer sur nous la colère et la vengeance des peuples dont nous irions, sans motifs légitimes, troubler le repos et menacer l'indépendance. — *Chacun chez soi.*

Mais aussi *chacun son droit ;* et quand la France se borne à alléguer le sien, elle doit être écoutée. C'est ce qu'elle fait en demandant le rappel du droit de recherche par les motifs suivants : 1° on en a abusé contre nous; 2° l'article 3, en réservant, pour la fixation du nombre des croiseurs, une convention annuelle, a voulu réserver aussi chaque année un moyen de modifier les traités; 3° les articles 6 et 7 sont contraires à tous les principes d'une législation criminelle bien ordonnée; 4° l'article 9 a été violé par les Anglais dans le dernier traité qu'ils ont consenti avec l'Amérique; 5° puis, la cause de ces traités n'est pas perpétuelle ; le but seul est immuable, les moyens peuvent changer ; et l'expérience a démontré que le droit de recherche était dans ce cas; 6° une négociation doit donc être entamée sur ce point, non en demandant à l'Angleterre si elle a pour agréable de négocier, mais en déduisant nos griefs, qui ne sont pas de nature à être résolus ni écartés par une simple négation; cela est si vrai que les Anglais, soit dans leurs journaux, soit à la tribune, dans la Chambre des lords comme dans celle des Communes, n'ont osé aborder aucune de ces objections; 7° enfin, la nature de ces griefs est telle, qu'en toute circonstance, soit qu'il s'agisse de traité de commerce ou de toute autre chose proposée ou désirée par l'Angleterre, le rappel du droit de visite devra toujours apparaître comme première condition de tout bon vouloir ultérieur de notre part et de notre adhésion à quoi que ce soit.

§ VII. — *Espagne.*

La France a donné à l'Espagne des marques constantes d'affection et de sympathie. Elle s'est empressée de reconnaître sa révolution et la nouvelle forme de son gouvernement *constitutionnel*. Elle s'est refusée à intervenir à main armée dans les affaires de ce pays ; elle a eu raison, car les peuples n'ont rien à gagner, ils ne peuvent que perdre aux interventions de l'étranger dans leurs affaires intérieures. Cela même aurait dû nous rendre tout-à-fait indifférents à la forme de régence adoptée par ce pays : souffririons-nous que les Espagnols se mêlassent de critiquer la nôtre ? — Mais il est un point sur lequel nous ne pouvons rester indifférents : ce sont les rapports de commerce et de bon voisinage avec l'Espagne ; c'est la question d'influence exclusive et de prétentious étrangères favorisées à notre préjudice.... La conduite de notre consul à Barcelone a surtout été louable, en ce que son intervention s'est bornée à des actes d'humanité et de générosité sans acception de parti et de nation. — C'est ainsi qu'en France nous avons accueilli tous les réfugiés, carlistes, républicains, *e tutti quanti* ; nous avons même l'extrême bonté de les soudoyer tous aux dépens de notre budget !...

§ VIII. — *Pologne.*

Ce paragraphe passe toujours, *nemine contradicente.* Il prête cependant à une réflexion qui a son importance. A quoi bon répéter chaque année un vœu toujours le même, toujours stérile, et qui n'est pas même accompagné d'un discours qui retrace les griefs et les malheurs de l'héroïque nation polonaise ? C'est comme un *article de fonds*, qui va se traîner d'année en année, à perpétuité, dans les Adresses de la Chambre, de manière à rendre, à la fin, insignifiant et presque ridicule un vœu dont le principe est pourtant si respectable. Ne suffirait-il pas une fois pour toutes de déclarer à la tribune que ce vœu, tant de fois émis, continuera de vivre dans les cœurs, mais sans en faire désormais l'objet périodique d'une déclaration oiseuse et impuissante. — Déjà les anglomanes n'ont-ils pas prédit avec dérision qu'il en serait du paragraphe *sur le droit de visite*, comme du paragraphe *sur la Pologne !...*

§ IX. — *Algérie.*

Les opinions sont divisées sur l'Algérie, je le sais ; mais les choses sont arrivées à un tel point, qu'il est du devoir de chacun de dire nettement son avis. Le mien n'est pas le plus populaire, j'en conviens ; mais je n'en ai pas moins le désir d'exprimer librement une conviction depuis longtemps arrêtée dans mon esprit. *Fremant omnes licet, dicans quod sentio.*—Déjà en 1834, séance du 29 avril, en signalant dans le présent et pour l'avenir les entraînements de cette conquête, je disais : « Les illusions plaisent, elles séduisent ; la rai- » son viendra plus tard ; mais il est utile d'appeler dès à présent la » réflexion. » — J'ajoutais : « Il faut s'éclairer, s'entourer de docu- » ments exacts et complets, *l'erreur coûterait trop cher !* Il faut cher- » cher la vérité et avoir le courage de la dire nettement au pays ! » — Je me suis trompé, la raison n'est pas venue. Depuis ce temps, loin de dire la vérité au pays, on a tout fait pour se mettre un bandeau sur les yeux et pour tromper la nation, tantôt en lui dissimulant les dépenses, surtout en matériel tiré clandestinement de nos arsenaux ; tantôt en dépassant, sans mesure et sans discrétion aucune, les allocations du budget par d'énormes crédits supplémentaires ; tantôt en dissimulant les pertes

d'hommes, moins par le feu de l'ennemi que par le feu du climat ; tantôt par des descriptions fantastiques de la fécondité du sol, de ses productions espérées, de sa colonisation future !... On a fait de cette contrée un *Eldorado*, et tous les badauds ont répété : *notre belle conquête ! notre superbe colonie !* la plupart, sans savoir même sous quelle latitude est située l'Algérie, sans connaître son étendue, sa topographie, le nombre de ses habitants, leur caractère, leurs mœurs, toutes les conditions et les obstacles qui, soit de leur part, soit de la nôtre, rendent si improbables l'entière soumission de l'Algérie, son amalgame avec les Européens, et la durée de notre domination : mirage trompeur dont les sables de ce pays offrent le décevant emblème !

Chaque année cela se dit dans le tête-à-tête, dans les commissions ; les ministres, les hommes d'Etat, les vieux généraux en conviennent, ils en gémissent ! On est *Français à huis clos* ; au grand jour, on est *Algérien !* On redoute l'opinion publique qu'on a soi-même fomentée et entretenue sur la question ; on craint les journaux de la Restauration, ceux du radicalisme, ceux de la fourniture et de la spéculation : et l'on s'est ainsi laissé entraîner à envoyer de 15,000 hommes à 80,000, et à dépenser de 15 millions jusqu'à 100 millions, taux actuel.

Analysons cette situation.

Et d'abord, disons-le hautement, le courage, l'intelligence et le dévouement de l'armée sont dignes des plus grands éloges. La Chambre, avec raison, s'est plue à les lui décerner chaque année dans ses Adresses. Les critiques ne peuvent porter que sur le mauvais emploi de tant de bravoure, sur la mauvaise direction donnée aux opérations, sur l'absence de toute pensée de gouvernement dans le but qu'on se propose ; — sur une justice trop expéditive parfois, et par-là même exposée à de graves reproches ; — sur le gaspillage révélé par quelques procès scandaleux ; — sur les vices d'une administration dans les opérations de laquelle on désirerait trouver plus de *prévoyance* et de *régularité :* ce sont les termes mêmes de l'Adresse. — L'armée obéit ; elle n'est pas responsable des choses auxquelles on l'emploie. — Elle est hors de cause dans un examen purement politique et administratif.

Entrons dans cet examen.

Base des opérations. On ne s'est pas borné à occuper Alger et sa banlieue, à s'y fortifier, à s'y asseoir, à s'y rendre inexpugnable par terre et par mer ; à faire comme la première reine de Carthage !... On a agi sans plan, sans méthode, au jour le jour ; repoussant l'ennemi qui venait vous inquiéter, le pourchassant, faisant des pointes dans toutes les directions. Les chefs, suivant leur instinct militaire, ont accumulé expéditions sur expéditions, comme des parties de chasse au chamois ; et l'on est allé dans l'Est jusqu'à Constantine, dans l'Ouest jusqu'à Oran, Tlemcen et Mascara ; au Sud, jusqu'à l'Atlas et aux rives du désert !... Bref, on agit en ce moment sur 250 lieues de long et 50 lieues de profondeur.

Sol de l'Algérie. Sans doute, il y a des parties fertiles, jadis bien cultivées, mais délaissées depuis plusieurs siècles ; vastes friches à mettre en valeur, marais à dessécher ; d'immenses plaines de sables, sans eau potable ; des broussailles impénétrables, rarement des bois de futaies ; l'aridité, ou des torrents !... Les anciennes villes n'offrent plus que des ruines. Toutes les voies romaines ont disparu. — La côte, dans toute son étendue, n'a pas cessé de mériter le jugement qu'en a porté Salluste : une mer cruelle et sans abri, *mare sævum atque importuosum*. Bone, Alger, le petit port de Cherchell, la rade de Mers-el-Kebir, voilà les seuls points maritimes importants ; et tout y est à faire à coups de millions...

Colonisation. Nouvelle série de millions à dépenser de la main à la main. Futurs villages à la Potemkin ! Nouvelle race d'indemnitaires qui prétendront plus tard qu'on leur doit garantie et peut-être des pensions.

Caractère et mœurs des habitants. La plupart nomades, nomades par nécessité ; parce qu'après avoir cultivé une contrée, récolté leurs grains et les avoir logés dans des silos (car les Arabes n'ont point de bâtiments d'exploitation), la même terre ne pouvant nourrir leurs troupeaux pendant l'été, ils sont obligés de déménager et de porter leurs tentes ailleurs. Cette vie errante exerce les corps à la fatigue : les Arabes sont forts, alertes, vigoureux, adroits, bons cavaliers surtout. Tout homme est combattant depuis l'âge de 18 ans jusqu'au bout de sa carrière, tant qu'il peut monter à cheval. La population est de plusieurs millions d'habitants ; ils sont chez eux ; ils défendent leur religion, leurs familles et leur patrie ! Ils finiront par apprendre la guerre !... d'autres les aideront !...

Subsistances. Les Arabes vivent en Algérie, parce qu'ils sont extrêmement *sobres.* Mais l'armée française ne peut y vivre qu'avec des convois venus de France. En Algérie, la guerre ne peut pas nourrir la guerre. Après une razzia exécutée sur une malheureuse tribu, toutes les bêtes prises sont bientôt dévorées par la troupe expéditionnaire, ou la garnison voisine, et l'on a réduit au désespoir les habitants qui n'ont plus de ressource que dans le brigandage. — Il faut envoyer là des grains, des bestiaux, même des fourrages, des matériaux pour bâtir, etc., etc.

L'Algérie, dit-on, est un vaste *camp d'exercice !* Ainsi on ferait la guerre pour le plaisir de faire et d'apprendre la guerre ! cent millions par an pour cela ! et l'école polytechnique, celles de Metz, de Saint-Cyr, de La Flèche et de Saumur ne coûtent pas la centième partie ! Quelle guerre, d'ailleurs, fait-on en Algérie ? Pas une bataille, et les Arabes ont raison : ils ne tiendraient pas contre notre tactique ; ils seraient vaincus. Tout se passe en marches, contre-marches, embuscades, surprises, fuites suivies de brusques retours. Cela, sans doute, ne se fait pas sans d'héroïques efforts, sans éprouver des privations de tout genre, au milieu de périls sans cesse renaissants. Je ne puis trop le redire : honneur aux braves à qui le devoir impose tant de nobles sacrifices ! On ne saurait trop les louer, les récompenser de leurs travaux ; mais, je le répète, à côté des éloges mérités par nos soldats vient se placer l'examen de questions de politique et d'administration. Or, il faut bien avoir la hardiesse de dire tout haut ce que les militaires les plus expérimentés disent tout bas à qui veut l'entendre :

1° On épuise l'armée de France pour entretenir l'armée expéditionnaire de l'Algérie ; on prend les hommes les mieux faits, les plus robustes, les plus entreprenants. Ce choix appauvrit ce qui reste en France.

2° Ces hommes d'élite envoyés en Afrique n'en subissent pas moins l'influence du climat. Officiers et soldats, tous passent par les fièvres et l'hôpital : beaucoup y restent. — Qu'on se rappelle ce que disait le comte Jaubert sur l'énorme quantité de quinine employée en Afrique !

3° A leur retour en France, en congé, beaucoup restent valétudinaires, succombent, ou ne se relèvent jamais complètement.

4° Cette guerre d'Afrique peut faire des tirailleurs, des troupes légères ; mais six ans de guerre contre des Arabes, sans artillerie, qui reculent dès qu'on avance, et qu'on est accoutumé à voir lâcher pied, ne donnent aucune assurance de ce qui arriverait avec des troupes allemandes ou russes, tenant ferme sous le canon, et rendant coup pour coup à ceux qui leur envoient de la mitraille et des boulets.

5° Quelle guerre faisons-nous là ? Il ne faut pas seulement abonder dans son sens ; il faut aussi pénétrer dans les idées de ses adversaires. Les Arabes défendent leur sol, leurs familles, leurs idées religieuses : à leurs yeux, tout cela est légitime et presque sacré ; et un Arabe des bords du Chélif pourrait dire en leur nom tout ce que le paysan du Danube disait au profit des Germains. — De notre côté, puisque nous leur faisons la guerre, il paraît légitime de leur faire tout le mal possible, pour les amener à soumission. Nous pourchassons au fond de leurs vallées, sur la crête de leurs montagnes, nous suivons jusqu'au désert, les indigènes, les habitants, les propriétaires du pays. Avec eux point de droit des gens, ils ne s'en piquent pas eux-mêmes : c'est la guerre aux récoltes, c'est la chasse aux troupeaux, aux propriétés particulières (1) : ce sont des razzias de bétail qu'on dilapide ! On enlève des enfants, des femmes, et la brutalité de nos auxiliaires indigènes s'en accommode en présence de nos soldats ! Si cette manière de faire la guerre est, au dire de quelques-uns, chose inévitable, nécessaire, il n'en est pas moins vrai que, par ce genre d'attaque à tout ce que les Arabes possèdent et ont de plus cher, on grandit Abd-el Kader à leurs yeux. Pour nous, c'est un ennemi : nous voulons l'abattre à tout prix ; mais, pour eux, Abd-el-Kader est un défenseur de la patrie arabe ; c'est plus qu'un chef ordinaire : c'est leur personnification, c'est le premier des Arabes, leur Gustave-Adolphe, un grand homme, et, pour ce peuple superstitieux, un représentant du prophète, un véritable saint ! voilà ce qui entretient son existence et rends difficile d'en finir avec lui !

Mais il ne suffit pas d'envisager la question au point de vue de la guerre africaine. Demandons-nous, en cas de guerre européenne, quelles seraient les difficultés de toute cette situation ?

Si la France a une guerre continentale, ce ne sera pas une petite guerre, elle ne peut en avoir qu'une grande. Aucun peuple isolé, réduit à ses propres forces, ne se hasardera à nous chercher querelle ; ce sera donc une guerre à peu près générale. Toutes nos forces ne seront pas de trop pour y suffire.

Quatre-vingt mille hommes en Afrique ne sont-ils pas un énorme déficit dans nos rangs ?

On les fera revenir, dit-on : mais, si l'on calcule ce qu'il a fallu de bâ-

(1) Les journaux ont donné l'extrait suivant d'un rapport venu d'Alger, à la date du 25 février 1843 : « M. le colonel Picouleau est rentré le 17 à Cherchell... *Chargé de dévaster le pays* des Béni-Manasser, il a détruit plus de six mille pieds de figuiers et d'orangers. » (*Constitutionnel* du 8 mars). — De pareilles opérations, on en conviendra, avancent merveilleusement la *colonisation du pays!*

timents et de préparatifs pour y conduire une expédition de 15,000 hommes, que sera-ce pour en ramener 80,000? Le premier contre-temps éprouvé par le ministère du 1er mars n'a-t-il pas été dans l'obligation où il s'est trouvé de rappeler la flotte qui faisait face à la Syrie, et de la colloquer à Toulon, pour qu'elle fût, nous a-t-on dit, à portée de ramener des troupes d'Alger !...

Mais, dans cette hypothèse de guerre, les Anglais n'auraient-ils pas soin de se jeter aussitôt entre deux. Ici, pas d'illusion. Sans doute notre marine est excellente ; à forces égales, on peut affirmer qu'elle serait en état de se promettre l'avantage. Mais les Anglais ont trois fois plus de bâtiments et de matelots que nous. Ils commenceront donc par croiser entre Toulon et Alger, flanqués qu'ils seraient par Malte et Gibraltar. Et, dans cette position, tout transport un peu considérable, et par conséquent avec des bâtiments peu propres au combat, deviendrait sinon impossible, au moins très périlleux !

Notre armée d'Afrique serait donc isolée, bloquée ; — elle ne recevrait plus ni vivres, ni munitions, ni recrues, dans un pays qui n'offre aucune ressource pour tout cela.

D'un autre côté, on peut être certain que les Arabes, armés par nos ennemis, dirigés par leurs émissaires, feraient une levée en masse. Les Français, assaillis sur tous les points, seraient obligés de se concentrer. Les garnisons des villes ne pourraient plus se ravitailler ; et, malgré la supériorité de leur bravoure et de leur tactique, cette armée, non-seulement resterait inutile à la France, mais pourrait être réduite aux plus dures nécessités...

Si Alger offre une illusion à notre amour-propre, il est donc trop vrai qu'en réalité c'est une occasion de ruine pendant la paix, et une grande cause de faiblesse pendant la guerre.

Au lieu de cela, que chaque Français veuille bien penser à ce qu'on aurait pu faire en France avec les 600 millions déjà dépensés en Algérie! ce qu'on ferait en France en une seule année, si au lieu de dépenser 100 millions par an en Afrique, on laissait *un million* seulement à chaque département ? — Cela est moins apparent, parce que les cent millions d'Alger se puisent dans l'océan du budget; mais s'il y avait un impôt spécial pour cet objet, et qui en portât le nom, *impôt d'Alger*, comme jadis la *dîme saladine* levée pour faire la guerre aux Mahométans, chacun réfléchirait sur sa cote individuelle; on ne serait plus si dévotement Africain, on penserait un peu plus à la France.

Mais, disent les Algéristes, *on est trop avancé pour reculer !* C'est donc une question d'amour-propre. Eh bien! l'amour-propre doit finir où l'amour vrai commence; et l'amour vrai est celui de la France. Sans doute, il ne faut pas faire en Algérie ce que les Anglais viennent de faire dans l'Afghanistan, il ne faut ni dévaster, ni déguerpir; mais IL FAUT SE HATER DE SIMPLIFIER LA QUESTION. Il faut laisser l'intérieur des terres à l'autocratie des tribus indigènes ; se restreindre au littoral, et conserver seulement Alger, Bone (1), Cherchell et Oran ; s'y fortifier, s'y assurer, s'y garder. Vingt mille hommes et vingt millions peuvent suffire à cette occupation. Nous pouvons faire ce sacrifice en tout temps,

---

(1) Et, avec Bone, Constantine, *propter gloriam!* et Philippeville, *propter regium nomen!*

en guerre aussi bien qu'en paix. Avec cela nous empêchons la piraterie de renaître : c'était le premier résultat espéré. S'il doit y avoir du commerce entre l'Afrique et l'Europe, il ne peut se faire que par les ports, et je propose de les conserver et de les améliorer. S'il peut y avoir une colonisation sûre et fructueuse, ce ne peut être qu'autour des centres fortifiés de ces places fortes, qui seules peuvent devenir de véritables *colonies*. Dans cette position, nous attendrons l'avenir sans inquiétude ; le présent n'en sera pas affecté, et ce qu'il peut y avoir d'utile un jour dans la conquête sera *conservé*. — Hors de là, il n'y a que ruine... et plus tard peut-être une catastrophe !

§ X. — *Les îles Marquises.*

Par la possession des îles Marquises, le gouvernement a voulu assurer à nos navigateurs, dans des mers éloignées, un refuge et un appui. Le but est louable : l'avenir nous apprendra si la prévision a été heureuse. Dieu veuille seulement qu'on n'ait pas l'art de rendre encore cette nouvelle possession onéreuse, par la manie de guerroyer aux environs, et par une surcharge de fonctionnaires plus coûteux et plus multipliés que ne le comporte la modicité de l'établissement !

§ XI. — *Traités de commerce.*

Depuis quelques années, dès que l'on sait qu'il se négocie un traité de commerce, tous les intérêts français sont en émoi. Et, en réalité, soit manque de dextérité dans la conduite des négociations, soit manque de fermeté dans la conclusion, toujours est-il que depuis déjà longtemps, comme on a vu plusieurs traités défavorables, et pas un seul avantageux, on s'est trouvé tenté de dire à notre diplomatie : Ou ne faites plus de traités, ou faites-les un peu mieux.

Déjà l'an dernier, à la seule annonce d'un traité projeté avec la Belgique, les deux Chambres ont inséré dans leurs Adresses chacune un paragraphe pour recommander au gouvernement d'agir avec *prudence*, et de conserver à la *production* nationale et au *travail* de nos ouvriers la *protection* qui leur est due.

Cette année, les alarmes se sont renouvelées avec plus de vivacité. Des réclamations énergiques se sont fait entendre à propos du traité belge, qu'on supposait cette fois sur le point de se conclure ! et le ministère s'est arrêté, non sans regret ; car, après avoir paru céder aux résistances élevées sur plusieurs points, il a presque aussitôt quêté des adhésions sur d'autres. Toujours est-il que l'opinion la plus générale avait vu là un grand danger. Aussi l'Adresse de cette année reproduit les mêmes recommandations que celle de l'an dernier.

Ce n'est pas tout : l'Angleterre, *dans le vif désir qu'elle témoigne de se rapprocher de nous* (vous entendez !) presse aussi la conclusion d'un traité de commerce ! C'est ainsi qu'en 1841, pour nous faire oublier les dédains qui avaient accompagné le traité du 15 juillet, on avait amené notre cabinet à signer le traité du 31 décembre, portant une extension démesurée du droit de visite ! L'intervention des Chambres, survenue à temps utile, a empêché ce dernier traité d'être ratifié; le *qui-vive* qui vient d'être renouvelé empêchera-t-il la conclusion du traité de commerce actuellement en projet?

Une première réflexion se présente. N'est-ce pas d'abord une excellente occasion de mettre en avant le rappel du droit de visite comme condition préalable de tout nouveau traité?

Mais ce préliminaire ne doit pas rendre inattentif sur le fond même du traité proposé : non-seulement parce que tout arrangement de ce genre avec l'Angleterre inspire une juste méfiance; mais parce que tout traité de commerce de la part d'une puissance comme la France, implique des dangers particuliers à la nature même de ces sortes de conventions.

On en a fait l'épreuve dans le traité avec la Hollande, qui, heureusement, a une durée fort limitée; et dans le premier essai de traité avec la Belgique, qui n'a eu rien de plus pressé que de nous sacrifier à l'Allemagne : — que serait-ce avec l'Angleterre?

Un mauvais traité de commerce une fois signé a ce désavantage, qu'il entraîne de deux choses l'une : ou la ruine, si on l'exécute comme la bonne foi l'exige; ou la guerre, si l'on entreprend de s'y soustraire.

Aussi, les meilleurs esprits préfèrent la balance qui s'établit naturellement par les tarifs, dont la baisse ou la hausse, toujours mobiles, offrent incessamment un moyen de protection, de défense ou de représailles, et qui exigent l'intervention des Chambres.

En tous cas, notre gouvernement doit se tenir pour averti *de bien prendre garde à ce qu'il va faire...* (surtout pour les fers, les tissus, etc. !)

§. XII. — *La Chambre examinera avec soin les lois de finances et les divers projets de loi dont on lui annonce la communication.*

Au nombre de ces lois se trouvent, quant à présent, celles sur la fabrication du sucre indigène; — sur le prêt de deux millions demandé pour le chemin de fer de La Teste; — les patentes; — l'instruction secondaire; — les retraites.

Sucre indigène. On propose de nouveau de consacrer quarante millions au rachat des fabriques de sucre indigène. — A ce moyen, on interdirait cette fabrication à l'avenir, et l'on récupèrerait sur les douanes le montant de l'indemnité.

A ce projet je réponds : 1° Qu'il est presque sauvage, à l'époque où nous vivons, de flétrir ainsi le sol et le travail français, et de frapper à la fois l'agriculture et l'industrie de la mère patrie, au profit des colonies et de l'étranger.

2° Oui, de l'étranger; car, après avoir sacrifié la fabrication française à la fabrication coloniale, on sacrifierait bientôt celle-ci au désir d'accroître les transports et les échanges avec les pays lointains. Pour en donner la preuve, la chambre de commerce de Lille rappelle les paroles de M. le ministre des finances lors de la discussion du projet dans les bureaux de la Chambre : — « On m'a reproché, a dit le ministre, de vouloir faire l'affaire » des *sucres étrangers* : j'en conviens, *c'est là ma pensée.* » — Ce n'est pas la nôtre.

3° On remplacerait ainsi une richesse réelle, permanente, et qui ne peut que s'accroître au profit de tous, celle de la production territoriale, de la fabrique et du travail indigène, par un revenu purement fiscal, et par conséquent artificiel, variable et périssable !

4° Avec le système d'*indemnité*, on entrerait dans une voie pernicieuse : on autoriserait chacun à croire que *l'État ne peut plus toucher aux lois sans indemniser, à beaux deniers comptant, tous ceux qui prétendraient que les changements apportés dans la législation vont leur porter préjudice.* Cette doctrine ne saurait prévaloir. Il faut, sans doute, autant qu'il se peut, faire des lois équitables ; mais il ne faut pas altérer le principe de la souveraineté et de la liberté législative.

5° D'ailleurs, on se fait illusion par le mot *indemnité*; car, en indemnisant les possesseurs de fabriques actuelles, on n'indemnise pas les travailleurs et tous ceux dont les industries accessoires se sont groupées autour de la fabrication indigène. Les quarante millions iraient dans la caisse d'un petit nombre d'industriels, dont plusieurs n'ont pas seulement spéculé sur le sucre, mais ont surtout *spéculé sur l'indemnité*; et il resterait un dommage général, profond, durable, causé pour toujours à l'État tout entier par la disposition qui interdirait à jamais à tous les Français, dans le présent et dans l'avenir, une branche honorable et lucrative de production, de commerce et d'industrie.

6° On attendait quelque secours de la proposition analogue faite aux chambres législatives de la Belgique ; mais ce projet malencontreux a été rejeté. L'exemple se rétorquera donc contre la proposition faite aux Chambres françaises, et nous espérons que cette proposition, humiliante pour le sol et pour l'industrie, sera définitivement écartée. — Il vaut mieux chercher l'équilibre dans les chiffres du tarif.

Prêt de deux millions aux propriétaires du chemin de fer de la Teste. — Ce projet a déjà été rejeté ; mais on ne se décourage pas : *Chassez le naturel, il revient au galop.* Eh quoi ! le budget est en déficit, et l'on choisirait ce moment pour prêter ! L'État emprunte à quatre, et il prêterait à trois ! Et puis qu'est-ce que tous ces prêts ? des dons déguisés. Qu'est devenu le prêt de cinq millions si imprudemment fait aux actionnaires du chemin de fer de la rive gauche de la Seine établi *par duplicata* de Paris à Versailles ? Lorsqu'il s'agissait de le voter, on promettait toutes sortes de garanties. Le remboursement devait être cautionné par douze capitalistes des plus accrédités ; c'eût été un blasphème que d'oser en douter ! de demander leurs noms ! de discuter leur solvabilité ! Eh bien ! qu'est-il arrivé ? On n'a pas même payé les intérêts ! Et l'on voudrait, s'il est possible, obtenir la remise du capital ! et l'on offrira peut-être plus tard de faire *racheter* le chemin par l'État, afin de reporter sur le trésor tous les mécomptes d'une entreprise insensée ! — Évitons de multiplier ces précédents fâcheux. Le secret est trouvé par les spéculateurs d'agir directement sur le budget et de faire voter à chaque session, au profit, tantôt d'une entreprise, tantôt d'une autre, un certain nombre de millions que les intéressés répartissent entre eux dans l'intervalle. C'est un abus. Il n'y a de raisonnable que les garanties d'un intérêt modéré accordé aux entreprises de chemins de fer, non pas à toutes (pas d'égalité en cette matière), mais à celles qui paraîtront mériter ces encouragements, et non pas aux entreprises folles ou avortées.

Loi des patentes. À force de dépenser, il faut bien en venir à toucher à l'impôt ; et, comme le disait un ancien financier, il faut lui faire produire tout ce qu'il peut produire. Cela était juste pour les portes et fenêtres et pour les terrains récemment bâtis et non encore imposés. Mais voici venir *les patentes*. Des rectifications, je le sais, étaient désirées dans les classifications ; mais, s'il doit y avoir des redressements sur quelques points, on propose des innovations douloureuses sur d'autres. Ainsi, par exemple, en l'état actuel des choses, les *laboureurs et cultivateurs* sont exempts de patente pour le bétail qu'ils élèvent et qu'ils engraissent. Cette fois, on propose formellement d'assujétir à la patente ceux d'entre les cultivateurs qu'on désigne sous le nom d'*herbagers*. Quant aux autres laboureurs et cultivateurs, voici comment on procède à leur égard : un article spécial du projet de loi prend cette *tournure*, de les *exempter* de la patente pour le bétail *qu'ils élèvent* ; c'est-à-dire apparemment pour les veaux et les agneaux nés de leurs vaches et de leurs brebis. Mais il n'y a pas de petite propriété rurale, pas de ferme, si faible qu'elle soit, où, en même temps qu'on élève de jeunes sujets, on n'engraisse aussi le vieux bétail, les bœufs fatigués de travail, qu'on doit vendre après l'hiver pour les remplacer à la pousse des herbes et au renouvellement des travaux par des animaux plus jeunes et plus vigoureux. Ceux-ci sont quelquefois nés et élevés dans la ferme, mais souvent aussi ils sont achetés en foire pour en jouir de suite ou pour les appareiller avec ceux qu'on a, selon que le besoin s'en fait sentir. Il n'y aura donc pas de propriétaire faisant valoir ses terres, pas de fermier, qui ne puisse, à l'aide du nouvel article de la loi proposée, être réputé négociant, marchand de bestiaux, et mis à la patente, sous le prétexte qu'ouTRE les bestiaux *qu'il élève*, il en a qu'il *engraisse*, qu'il *vend* et qu'il *achète*. — J'ai déjà combattu cet article dans mon bureau, et j'espère bien que, lors de la discussion devant la Chambre, tous les amis de l'agriculture s'accorderont pour le combattre énergiquement et le faire rejeter ou amender.

On parle aussi d'assujétir à la patente les notaires ! les avocats ! On veut tout ramener à des questions d'argent, de commerce, de spéculation ! — Les notaires repoussent l'assimilation ; ils s'en défendent par leur qualité *d'officiers publics*. — Les avocats la repoussent à cause de la nature de leur profession, qui leur interdit toute action en justice pour paiement d'honoraires, comme incompatible avec la dignité de leur état. Effacera-t-on le noble caractère qui jusqu'ici s'est attaché aux professions si justement appelées professions *libérales* !...

L'instruction secondaire. Loi vivement demandée au nom de la liberté de l'enseignement ! liberté que les uns interprètent jusqu'à l'indiscipline, que d'autres peut-être voudraient restreindre jusqu'à l'asservissement : mais qui trouvera son exacte limite, comme toutes les autres libertés, dans les précautions que l'expérience de tout le passé et une sage prévision de l'avenir ne manqueront pas de suggérer au législateur, pour qu'aucun abus, aucun danger, n'échappent à la juste surveillance de l'autorité publique et à l'action des magistrats ; *Sub lege libertas*.

Loi des retraites. Les retraites ont leur justice et leur utilité. Elles sont justes, comme récompense de services rendus ; utiles, comme gage d'émulation et de sécurité. Mais il ne faut pas que la surcharge devienne excessive pour le trésor : il y faut du choix, des proportions, des limites. Tout le monde en veut, les fonctionnaires qui jusqu'ici n'en ont jamais eu ! S'il en est ainsi, ce sera une nouvelle cause d'insuffisance au budget. Au surplus, on prétend que cette loi sera discutée pendant plusieurs sessions encore avant d'être votée. La latitude dont on jouit en ce moment ne déplaît pas.

Je bornerai ici mes réflexions ; mon dessein n'est pas d'épuiser toutes les questions : ce que j'ai dit suffit.

Je ne parle pas des projets des réformistes : ils ne sont à l'ordre du jour que dans l'opposition, et il n'y a pas chance pour elle d'amener le gouvernement et les Chambres à s'en occuper prochainement. Il y a deux mots d'un grand effet dans les questions parlementaires : *la nécessité* pour les choses qu'on veut, et *l'inopportunité* pour celles dont on ne se soucie guère. Mais la révolution de juillet tout entière n'a-t-elle pas été une grande, une immense réforme? ne veut-on pas laisser cette société fatiguée de tant d'agitations se reposer un peu sur elle-même?

Pour moi, ce n'est pas à de nouvelles lois que je voudrais demander une réforme !... c'est aux hommes chargés de faire exécuter celles qui existent. Que chacun fasse son devoir !... Mais ce chapitre nous mènerait trop loin.— Concluons.

Je n'ai pas l'espoir que toutes les questions que j'ai abordées seront résolues dans le sens que j'ai indiqué : pour l'Algérie surtout et pour les finances, j'ai grand'peur qu'on ne s'obstine dans la même voie ! Tant de gens y sont intéressés ! J'aurai du moins réclamé, j'insisterai encore comme député autant qu'il dépendra de moi, et j'aurai mis ma responsabilité à couvert, en prenant acte, hautement et à l'avance, de l'opinion que j'ai cru de mon devoir d'émettre sur toute cette situation.

DUPIN,
Député de la Nièvre.

Mars 1843.

PARIS. — COSSON, IMPRIMEUR DE L'ACADÉMIE ROYALE DE MÉDECINE, rue Saint-Germain-des-Prés, 9.

100

www.ingramcontent.com/pod-product-compliance
Lightning Source LLC
Chambersburg PA
CBHW060721280326
41933CB00013B/2518